E F G
L N M
O T
S Y U
X Z

Liebe erwachsene (Vor-)Leser*innen!

Lesen regt die Fantasie an und hilft beim Erfassen der Welt. Lesen erweitert den Horizont. Lesen verbindet. Lesenlernen ist deshalb eine spannende Erfahrung, vielleicht sogar eine der prägendsten im Leben. Wenn sich nach und nach Laute und Buchstaben sinnvoll aneinanderreihen und der Text im Kinderbuch plötzlich mehr ist als geheimnisvolle Zeichen, dann ist das eines der ganz großen Erfolgserlebnisse. Aber: Der Prozess des Lesenlernens ist durchaus anstrengend. Umso wichtiger ist es, Kindern behutsam und mit möglichst viel Spaß das Reich der Buchstaben näherzubringen. Das gelingt mit der Lesezug-Reihe!

In je vier Kapiteln werden kindgerechte Geschichten erzählt und dabei die Textmenge kontinuierlich gesteigert. Somit wird die Motivation der Kinder, selbstständig zu lesen, angeregt.
Die großflächigen Illustrationen unterstützen das Textverständnis und steigern die Lesefreude. Auch die bunten Sticker tragen zum Lesevergnügen und zur Lesemotivation bei – und beides führt zu mehr Lesekompetenz!

Viel Freude beim Vorlesen und miteinander Lesen wünschen
das Team des Österreichischen Buchklubs der Jugend
sowie das G&G Verlagsteam
**www.buchklub.at**
**www.ggverlag.at**

Daniela Jarosz

# Prinzessin Juni Wirbelwind

Mit Illustrationen von

Sabine Legien

Von Daniela Jarosz im G&G Lesezug weiters erschienen:
„Die Drachenschule", Lesezug 1. Klasse, ISBN 978-3-7074-2468-3
„Drachen mögen keinen Schluckauf", Lesezug 2. Klasse, ISBN 978-3-7074-2241-2

MIX
Papier aus verantwortungsvollen Quellen
FSC® C014138

**www.ggverlag.at**

**www.lesezug.at**

ISBN 978-3-7074-2632-8

In der aktuell gültigen Rechtschreibung

1. Auflage 2024

Text: Daniela Jarosz
Illustrationen: Sabine Legien
Vor- und Nachsatz-Vignetten und Reihenlogo: Carola Holland

Druck und Bindung: Finidr, s.r.o.

# Inhalt

# Prinzessin Juni

Prinzessin Juni ist sauer.

Nichts darf sie machen!

Am Regenbogen rollen?

Zu wild!

Mit Rittern fechten?

Zu gefährlich!

Auf Zuckerwatte turnen?

Streng verboten!

Drache Platsch passt auf.

# Platsch nervt Juni!

# Königlicher Wirbelwind

Juni kennt keine Angst.
Sie mag sogar Gewitter.

Oh Schreck! Platsch rennt in seine Höhle, wenn es blitzt.

Zuckerwatte macht Rast
und nascht eine Karotte.

„Schau, wie hoch ich schaukeln kann!", ruft Juni.

Schon kommt Platsch
angerannt und kreischt:

„Kleine Juni, stopp! Das ist viel zu gefährlich!"

Da schreit die Prinzessin laut:
„Aufpassen verboten!"

WIRBEL-TASTISCH

# PLUMPS!

Plötzlich hört man es krachen.

# Autsch!

Oh nein! Was war das für ein Lärm? Platsch ist über sein Schild gestolpert!

Der Drache wälzt sich hin und her. „Mein Flügel!“, weint er. „Er tut so weh!“

„Ach!“, sagt die Prinzessin.
„Nicht so schlimm. Ich weiß,
was man da machen kann!“

Juni saust zum großen Zauberbaum. Ohne zu zögern, beginnt sie zu klettern.

Ast für Ast steigt Juni höher und höher. Platsch traut seinen Augen kaum.

„Juni!", kreischt der Drache blass vor Schreck. „Komm runter! Du tust dir noch weh!"

„Ich schaffe es!“, ruft Juni und winkt. „Es ist doch gar nicht so hoch!“

Vom Wipfel zupft die
Prinzessin ein goldenes Blatt.
Juhu, geschafft!

Sanft streicht Juni mit
dem Blatt dreimal über
den Drachenflügel.

Was ist das? Glitzer kitzelt Platsch in der Nase.
HATSCHI!

# Aufpassen verboten!

„Danke!", freut sich Platsch.
Der Drache strahlt vor Glück.
„Mein Flügel tut nicht
mehr weh."

Gut gelaunt fügt er hinzu:
„Du hast das toll gemacht.
Mit dem Aufpassen ist ab
heute Schluss!"

Prinzessinnen können fast alles! Am Regenbogen rollen? Für Prinzessin Juni ein Kinderspiel!

Auf Zuckerwatte einen
Handstand machen?
Ihre leichteste Übung!
Juni ist richtig glücklich.

Drache Platsch passt kein
bisschen auf.
Er probiert es auch!
Juhu, das macht Spaß!

Wenn Juni, Zuckerwatte und
Platsch durch die Lüfte sausen,
gehen die Schmetterlinge in
Deckung. Sicher ist sicher!

Nach ein paar Runden
wird Platsch schwindlig.
Dann macht er Rast.
Juni braucht keine Pause!

Nur mit Rittern fechten
macht Juni keinen Spaß.
Die sind der Prinzessin
viel zu langsam!

**Alle Lesezug-Bücher finden Sie unter**

**www.lesezug.at**

ISBN 978-3-7074-2631-1
1. Klasse

ISBN 978-3-7074-2033-3
1. Klasse

ISBN 978-3-7074-2468-3
1. Klasse

ISBN 978-3-7074-2634-2
2. Klasse – Lesestufe 1

ISBN 978-3-7074-2629-8
2. Klasse – Lesestufe 2

ISBN 978-3-7074-2633-5
2. Klasse – Lesestufe 2

ISBN 978-3-7074-2518-5
2. Klasse – Lesestufe 2

ISBN 978-3-7074-2559-8
2. Klasse – Lesestufe 2

ISBN 978-3-7074-2034-0
2. Klasse – Lesestufe 2

H
B
C
I
A
D
Q
P
J
R
K
V
W